ਮੈਦਾਨਾ

मैंघाना

एक अभिनेत्री का अडिग संकल्प

देविका दास

Anecdote

ऐनक्डोट पब्लिशिंग हाउस
2nd फ्लोर, 2/15 अंसारी रोड,
दरियागंज दिल्ली–110002

पब्लिश्ड बाय ऐनक्डोट पब्लिशिंग हाउस

प्रथम संस्करण 2024

आई एस बी एनः 978-81-968952-4-2
मूल्य ₹ 199

संपादकः डॉ. प्रकाश श्रीवास्तव एंड लिज़ी जैन
आवरण सज्जा एवं टाइपसेटः चिंतन गाँधी
मुद्रणः थॉमसन प्रेस

मेघना
एक अभिनेत्री का अडिग संकल्प
देविका दास

मेघना अभिनय के अपने 30 साल के करियर में अनेक प्रमुख और उत्कृष्ट नाटकों का हिस्सा रही हैं। वे अपने प्रभावशाली अभिनय से लोगों को मंत्रमुग्ध कर दिया करती थीं। उन्होंने कई प्रमुख चरित्रों की भूमिका निभाकर दर्शकों के मन में खास जगह बना ली थी। लेकिन पिछले करीब दस सालों से किसी को भी उनके बारे में कोई जानकारी नहीं थी कि वे कहाँ रह रही हैं और कैसी ज़िंदगी बसर कर रही हैं। संजय उपाध्याय एक पत्रिका के सीनियर एडिटर हैं। वे मेघना सहाय के बहुत बड़े फैन भी रहे हैं। एक दिन उन्होंने दूरदर्शन पर सुना कि रंगमंच के क्षेत्र में विशेष योगदान के लिए मेघना सहाय को इस वर्ष के लाइफ-टाइम

अचीवमेंट पुरस्कार से सम्मानित किया जा रहा है।

मेघना 55 वर्ष की हो चुकी हैं। वे साउथ दिल्ली में ग्रीनपार्क के एक फ्लैट में अकेले रहती हैं। पीठ और जोड़ों के दर्द के कारण, ज्यादा देर तक काम नहीं कर पाती हैं। उन्होंने रेखा नाम की एक महिला को सुबह से शाम तक अपनी सहायिका के रूप में रखा हुआ है। रेखा पास की झुग्गी में रहती है। वह सुबह 7 बजे से शाम 6 बजे तक घर के कामों में उनकी सहायता करती है। झाड़ू-पोंछा, रसोई के काम-काज और वाशिंग मशीन में कपड़े डालने से लेकर पौधों में पानी डालने तक सारे काम रेखा बखूबी करती है। रेखा का पति, घनश्याम कंस्ट्रक्शन मजदूर है और उनका 6 साल का एक बेटा है।

एक दिन रेखा भागती हुई मेघना के पास आई और चहकते हुए बोली- “दीदी, दीदी, जल्दी आओ। देखो, टीवी पर आपके बारे में कुछ बोल रहे हैं।”

मेघना भूरे रंग की साड़ी में बड़बड़ाते हुए अपने कमरे से निकलती हैं और हॉल में आकर कहती हैं, “क्या हुआ, रेखा? क्यों चिल्ला रही हो?” तभी अचानक मेघना की नज़र टीवी पर पर पड़ती है। होंठों पर हल्की सी मुस्कान लिए मेघना अपने कमरे में लौट जाती हैं। खबर सुनकर रात को उन्हें नींद नहीं आ रही थी। उन्होंने खिड़की से बाहर झांककर देखा, सब जगह सन्नाटा छाया हुआ था। वे दबे पाँव दरवाज़ा खोलकर छत पर आ गईं। पूरी छत पर एक खामोशी पसरी हुई थी। चाँदनी बिखेरता चाँद सिर के ऊपर आ गया था। इन सबसे बेखबर, उनकी नज़र उस हवेलीनुमा सफेद रंग के मकान पर अटकी हुई थी, जिसकी भव्यता चाँद की दूधिया रोशनी में पूरी तरह निखर गई थी। उनके दिमाग में बहुत सालों पहले की सारी यादें ताज़ा हो चुकी थीं। मेघना एकदम गुमसुम सी हो गई थीं। उनके मन पर जैसे कुछ आघात सा लगा था। मन उनसे कुछ अनकहे सवालों का जवाब

मांग रहा था, उनसे उनके जीने की वजह पूछ रहा था।

मेघना देश की लगभग सभी प्रतिष्ठित रंगशालाओं जैसे रवींद्र भवन, कमानी ऑडिटोरियम, रंगशंकरा, पृथ्वी थियेटर आदि में अभिनय कर चुकी थीं। 500 से अधिक नाटकों में काम करने के बाद भी लोग उनकी अभिनय कला को देखने के लिए उत्सुक रहते थे। एक दिन संजय उपाध्याय ने अपने एक मित्र को बताया कि वे मेघना के बारे में जितना जानते हैं, उसके हिसाब से अभिनेत्री बनने की उनकी शुरुआत दिल्ली विश्वविद्यालय से हुई थी। वे हिंदू कॉलेज में इकोनॉमिक्स आनर्स कर रही थीं।

यह 1970 की बात है। तब नाटक सामाजिक जागरूकता फैलाने का एक प्रमुख माध्यम हुआ करता था। कुछ कलाकार और समाज के प्रति जिम्मेदारी की भावना रखने वाले लोग

एकजुट होकर नुक्कड़ नाटक किया करते थे। इसके अलावा कुछ रंगकर्मी ऑडिटोरियम में भी सामाजिक विषयों पर नाटकों का मंचन किया करते थे। लेकिन उन दिनों सामाजिक दबाव के कारण कम ही लड़कियां इन नाटकों का हिस्सा बन पाती थीं।

घरेलू कामकाज और सामाजिक बंधनों के कारण लड़कियां अभिनय में कम ही रुचि रखती थीं। कुछ लड़कियां अगर रुचि रखती भी थीं और अभिनय के क्षेत्र में अपना करियर बनाना चाहती थीं तो उनके लिए अपने परिवार वालों को राजी करना बहुत मुश्किल होता था। लड़का हो या लड़की, माता-पिता इस तरह की सोच को नकारते थे और कहते थे कि यह सब सिर्फ एक फितूर है जो दो दिन में दिमाग से चला जाएगा।

उन्होंने अपने मित्र को बताया, "मैं भी नाटकों में रुचि रखता था, पर मेरी माँ ने कहा, यह सब केवल

मनोरंजन की चीज़ है। पागलपन छोड़ो और कृपा करके अपनी पढ़ाई पर ध्यान दो ताकि कहीं अच्छी सी नौकरी कर सको। अभिनेता बनकर क्या रास्ते में भीख माँगोगे? न तो तुम्हारे पिताजी के पास इतना पैसा है और न ही उनका कोई राजनैतिक संपर्क है।"

मित्र ने पूछा, "तो क्या आपने अभिनेता बनने का विचार मन से हटा दिया?"

"बिल्कुल नहीं। मैं नाटकों के एक ग्रुप से जुड़ गया। घर के निकट ही उसकी रिहर्सल होती थी। हम अलग-अलग मोहल्लों में जाकर नुक्कड़ नाटक किया करते थे। ये नाटक सरकार द्वारा प्रायोजित होते थे। हम 26 जनवरी, 15 अगस्त और 2 अक्टूबर के अवसर पर गाँवों में जाकर नुक्कड़ नाटक किया करते थे। इन नाटकों के द्वारा हम गाँव वालों को सरकारी योजनाओं के बारे में जानकारी दिया करते थे। वास्तव में सामाजिक उत्थान केवल

सरकारी योजनाओं के भरोसे नहीं हो सकता है। यह काम सामाजिक सुधारों के बिना संभव नहीं है। दुःख इस बात का है कि आज देश में कोई सामाजिक नेता नहीं है जो समाज में सामाजिक क्रांति ला सके। लेकिन मेघना और उनके साथी अंधविश्वासों से घिरी जनता को नुक्कड़ नाटकों के माध्यम से जागरूक करने के प्रयास में लगे रहते थे। वे लोगों का आह्वान करते हुए कहते थे--देश के निर्माण में अपना योगदान दीजिए। अवसर हजारों हैं, बस आपको पहचानने की जरूरत है।"

इसके बाद संजय ने मेघना के बारे में विस्तार से सारी कहानी सुना दीः

यह 22 नवम्बर सन् 1970 की बात है, एक दिन मेघना कॉलेज जाने के लिए तैयार हो रही थी। वह हिंदू कॉलेज में बी.ए. के फर्स्ट इयर में थी। मीना, राहुल, संदिप्ता, कोयल आदि उसके घनिष्ठ मित्र थे। मेघना के माता-पिता भी उसके मित्रों से

कई बार मिल चुके थे। एक दिन मेघना ने नाश्ते के समय पापा से कहा, “पापा, कल हमारे कॉलेज में ऑडिशन है, टेलीफिल्म के लिए। क्या मैं इसमें भाग ले सकती हूँ?” पापा यह सुनकर गंभीर हो गए, और उन्होंने कहा, “बेटा, जब आप छोटी थीं, तब हमने आपको किसी बात के लिए कभी नहीं रोका, पर अब आप बड़ी हो गई हैं। आपको अपने भविष्य के बारे में सोचना चाहिए। अभिनय करना आपका शौक हो सकता है, करियर नहीं। आपको अच्छी तरह से पढ़ाई करके डिग्री लेनी है। इसके बाद हमें आपके विवाह के लिए अच्छा सा वर ढूंढ़ना होगा।” इतना कहकर उन्होंने अपना नाश्ता समाप्त किया और अपने कमरे में चले गए। मेघना नाश्ता आधा छोड़कर सोच में पड़ गई। यह पापा ने क्या कहा? वह मेज से उठकर अपने कमरे में चली गई और कुछ क्षण बाद अपना बैग उठाकर कॉलेज के लिए रवाना हो गई।

वह बार-बार यही सोच रही थी कि पापा ने ऐसा

क्यों कहा। उसने मन ही मन में कहा, मैं शादी के लिए अभी सोच भी नहीं सकती हूँ, क्या करूँ? यह बात पापा से कैसे कह पाऊँगी? उसका मन भी पढ़ने में नहीं लग रहा था, क्योंकि वह ऑडिशन में भाग लेना चाहती थी। उसने घर आकर पापा से बात करने की बहुत कोशिश की, पर असफल रही। कई दिन तक ऐसा चलता रहा, पर पापा के गुस्से को देखकर बात नहीं कर पाई।

दो-तीन दिन बाद मेघना के एक मित्र राहुल ने मेघना से ऑडिशन के बारे में बात करने की कोशिश की, पर उसने उसे कुछ नहीं बताया। अचानक, एक दिन उसने राहुल से पूछा –"कैसे हो, बहुत दिनों से तुम्हें कॉलेज में नहीं देखा?"

"हाँ, मैं मुंबई गया था साइंस फेयर के लिए। तुम्हें तो मालूम है कि मुझे इलेक्ट्रॉनिक उपकरणों के बारे में जानना अच्छा लगता है। मुझे वहाँ तुम्हारे लिए भी कुछ काम की चीज़ मिली।"

"क्या? बताओ।"

"बताओ नहीं। बोलो दिखाओ।"

"मतलब?"

"यह देखो। मैं तुम्हारे लिए ऑडियो रिकॉर्डर लाया हूँ। तुम्हें अभिनय करना पसंद है न। अगली बार जब हम किसी नाटक का ऑडिशन देने जाएँगे तो तुम अपने कुछ डायलॉग रिकॉर्ड करके संचालक को सुना देना।"

मेघना ने उस उपकरण को ध्यान से देखा। कुछ देर बाद, राहुल ने कहा, "हाँ याद आया। क्या तुम 25 नवम्बर के ऑडिशन में भाग लोगी?" मेघना ने उदास होकर कहा, "नहीं। पापा ने मना कर दिया है, कहते हैं, ये सब शौक की चीजें हैं। अब मुझे अपने भविष्य के बारे में सोचना होगा क्योंकि डिग्री के बाद पापा मेरी शादी तय कर देंगे।"

“यह तो अच्छी बात नहीं है। क्या मैं एक बार अंकलजी से बात करूँ और उन्हें समझाऊँ?”

“नहीं! तुम क्या समझाओगे? कोई लाभ नहीं होगा। पापा का फैसला अंतिम होता है। घर में कोई भी उन्हें मना नहीं पाएगा।”

राहुल ने समझाते हुए कहा, “लेकिन एक बार तो उनसे बात करनी होगी न। मैंने तुम्हारी आँखों में वह खुशी देखी है, जब तुम कोई नाटक देखने जाती हो और किसी अच्छे अभिनेता या अभिनेत्री का अभिनय देखकर प्रेरित होती हो। मैं तुम्हारी इन आँखों में वह तड़प देखता हूँ जो मानो, तुमसे कह रही हो – मेघना एक दिन तुम भी स्टेज पर होगी और अपने अभिनय से लोगों का दिल जीत लोगी।”

“बस राहुल, और नहीं। बात को बढ़ाने का कोई लाभ नहीं होगा। चलो, क्लास का समय हो गया है।”

क्लास के बाद, मेघना घर की ओर चलती है। फुटपाथ पर चलते हुए, राहुल की बातें उसके कानों में गूँज रही थीं। घर पहुँचते ही मेघना मौन साधे हुए सीधे अपने कमरे में चली जाती है। कानों पर हाथ रखकर जोर से चीखती है और तकिये से मुँह दबाकर रोती है। वह मन ही मन कहती है,

'यह कैसी दुविधा में फँस गई मैं? कौन सा रास्ता सही है? मुझे अभिनय से प्रेम है, पर किस हद तक? क्या पापा सही कह रहे हैं?'

वह गुस्से से बैग एक कोने में फेंक देती है और फिर से रोने लगती है। आज तो उसके आँसू थम ही नहीं रहे थे। कुछ भी नहीं सोच पा रही थी। माँ आधे घंटे बाद कमरे में प्रवेश करती हैं। कमरे को और मेघना का रोना देखकर सब कुछ समझ जाती हैं और सहानुभूति दिखाते हुए उससे पूरा हाल जानती हैं। मेघना माँ की गोद में सिर रखते हुए पिताजी से बात करने को कहती है।

“पापा को समझाओ न प्लीज़। इस ऑडिशन में भाग लेने का मेरा बहुत मन है।”

“मैं जानती हूँ, बेटा। ठीक है, मैं आपके पापा से बात करूँगी।”

“माँ। मुझे बस एक बार इस ऑडिशन में भाग लेने दो प्लीज़।”

“ठीक है, बेटा। अब आँसू पोंछो और खाना खाने आओ।”

मेघना मुस्कराती हुई, खाना खाने लगती है। तीसरे पहर चार बजे, मेघना पापा से बात करने उनके कमरे में जाती है। पापा हाथ में किताब पकड़े हुए सो रहे होते हैं कि उनकी नींद खुल जाती है।

“पापा!”

“हाँ बोलो।”

मेघना दबी आवाज़ में, झिझकती हुई धीरे से कहती है, “पापा। मैंने ऑडिशन में नाम लिखवाया है।”

पापा ऊँची आवाज में- “मैंने

मना किया था ना।”

मेघना- “पापा, मुझे एक बार कोशिश करने दीजिए ना प्लीज़।”

पापा- “ऐसा नहीं होता, मेघना। तुम्हें हमारा ख्याल है कि नहीं? अभिनय का भूत चढ़ गया है तुम्हारे सिर पर। मैं तुम्हारे इस पागलपन को और बढ़ावा नहीं दे सकता। अभिनय करके रास्ते पर भीख माँगोगी या भिखारिन की तरह ज़िंदगी गुजारोगी।” पापा चिल्लाते हुए किताब को मेज पर पटक देते हैं। डर के मारे मेघना दो कदम पीछे हट जाती है।

फिर हिम्मत जुटाते हुए वह कहती है- “पापा, इस

ऑडिशन में अगर मैं सफल हुई तो मुझे कार्यशाला के लिए दो महीने के लिए मुंबई जाना पड़ेगा।"

"और पढ़ाई, उसका क्या?"

"मुझे कॉलेज छोड़ना पड़ेगा, पापा।"

"बस मेघना! अब और नहीं। मैं इस विषय पर और बात नहीं करूँगा। मेरा आखिरी फ़ैसला यह है कि अगर तुम अपनी मनमानी करना चाहती हो, तो तुम्हें इस घर से बाहर निकलना होगा। मैं इस विषय में तुम्हारी किसी भी रूप में सहायता नहीं करूँगा।" इतना कहकर पापा कमरे से बाहर निकल जाते हैं। मेघना स्तंभित खड़ी रहती है।

दो दिन बाद ऑडिशन शुरू होते हैं।

राहुल, मेघना का मनोबल बढ़ाने की कोशिश करता है। अंत में मेघना भाग लेने के लिए तैयार हो जाती है। पाँच प्रतियोगियों के बाद मेघना का

नंबर आता है। झिझक और आशंका दूर करते हुए मेघना स्टेज पर जाती है और अपना अभिनय आरम्भ करती है। एक दरिद्र भिखारिन का जोरदार अभिनय देख सभी जज खड़े होकर उसकी कला का सम्मान करते हैं। एक जज कहते हैं, "आपका अभिनय मुझे बहुत अच्छा लगा। आपमें अभिनय करने की बहुत प्रतिभा है। आपको अभिनय के क्षेत्र में जाना चाहिए। मुझे पूरा विश्वास है कि आप आगे चलकर बड़ी स्टार बनेंगी।"

यह वाक्य मेघना के मन में किसी मंत्र की तरह बैठ गया। उसने मुंबई जाने का पक्का फैसला कर लिया और कार्यशाला के लिए तैयारी करने लगी। उसके दोस्तों ने मुंबई में हॉस्टल ढूँढ़ने में उसकी पूरी मदद की। यह उसका सौभाग्य था या फिर माँ का आशीर्वाद कि स्टूडियो के पास ही हॉस्टल मिल गया।

उसके मन में हिलोरें उठने लगीं और वह कल्पना

करने लगी—

काश मैं पक्षी बन

आकाश में उड़ जाऊँ,

खुले आसमान का आनंद उठाऊँ।

क्यों लगाती खुद पर बंदिश,

बुझाती रहती मन की आतिश।

क्या है मेरा अस्तित्व,

जीने का क्या है मतलब?

कैसी है यह जीवन की दुविधा,

जो पहचान न पाई

मैं अपनी आकांक्षा।

मेघना ने "आरम्भ" नाम की एक नाटक कंपनी

के साथ अभिनेत्री बनने का अपना सफर शुरू कर दिया। वहाँ पर दो महीने की कार्यशाला के बाद, मेघना को विश्वास हो गया था कि उसने सही निर्णय लिया है।

संजय ने मेघना की कहानी विस्तार से बताने के बाद अपने मित्र से विदा लेते हुए कहा कि उन्हें मेघना के घर इंटरव्यू लेने के लिए जाना है। उनका घर ग्रीनपार्क मेट्रो स्टेशन से बस एक किलोमीटर की दूरी पर है।

संजय ने ग्रीनपार्क मेट्रो पर उतरकर साइकिल रिक्शावाले से पूछा, “मेघना सहाय का घर जानते हो क्या भैया? ले चलोगे?”

“हाँ, हाँ। अभी चलते हैं।”

बी25- मकान के गेट पर पहुँचकर संजय रिक्शावाले से रुकने को कहते हैं। रिक्शा से उतरकर वे रिक्शावाले को 10 रुपये का नोट देते

हैं और गेट खोलकर घंटी बजाते हैं। पहली घंटी का कोई जवाब न पाकर वे फिर से घंटी बजाते हैं और आवाज़ लगाते हैं – "मैडम हैं क्या?"

करीब 5 फुट 1 इंच के कद वाली रेखा पीली सलवार-कमीज़ पहने, नीला दुपट्टा ओढ़कर दरवाज़ा खोलने के लिए दौड़ी आती है। वह दरवाजे पर सफ़ेद कुर्ता-पजामा और नेहरू जैकेट पहने करीब 40 वर्षीय आदमी, जिसका कद 5 फुट 8 इंच था, को देखकर कौतूहल से पूछती है, "किससे मिलना है आपको? आप कौन हैं? आपको पहले तो इधर नहीं देखा।"

"मैं संजय उपाध्याय, राजभाषा पत्रिका से आया हूँ। यह लीजिए मेरा कार्ड। मुझे मेघना मैडम से मिलना है।"

"ओह। दीदी तो अभी सो रही होंगी। ठहरिए, मैं दीदी को बुलाती हूँ। आप बैठिए।"

रेखा संजय को हॉल में रखे सोफ़े पर बैठने को कहती है। वह संजय को पानी देती है। फिर मेघना के कमरे की ओर चली जाती है। संजय हॉल की दीवारों पर टँगी तस्वीरों को गौर से देखते हैं। छत से लटक रहे पंखों पर धूल जमी हुई थी जैसे कई बरसों से कोई इस हॉल में आया ही न हो।

मेघना धीमी चाल से कमरे से बाहर आते हुए कहती हैं, "रेखा, कौन आया है?" हॉल के निकट आते ही वह एक अनजान व्यक्ति को देखकर थोड़ी झिझक के साथ पूछती हैं, "इतना गौर से क्या देख रहे हैं आप?"

तभी संजय दोनों हाथ जोड़कर उनका अभिवादन करते हुए अपना परिचय देते हैं, "मैं संजय उपाध्याय हूँ, राजभाषा पत्रिका का एडिटर और आपका बहुत बड़ा फ़ैन भी। मैं आपके लगभग सारे नाटक देख चुका हूँ। अपने सहकर्मियों के साथ मैं आपके नाटकों की चर्चा भी करता रहता हूँ। सच कहता हूँ,

उन दिनों नाटक देखने में जो आनंद आता था, उसे भुलाना मुश्किल है। मुझे अभी तक वह सब याद है। इन तस्वीरों को देखकर पुरानी यादें ताजा हो गईं। मैं अपने कॉलेज के दोस्तों के साथ आपके शो देखने जाता था। लेकिन आपसे कभी मुलाकात नहीं हो पाई। यह मेरी ज़िंदगी का सबसे यादगार पल है जो मैं आपसे मिल रहा हूँ और आपसे बातें कर रहा हूँ।"

मेघना के होठों पर हल्की सी मुस्कराहट आ जाती है। वे कहती हैं, "आप आज मेरा इंटरव्यू लेने आए हैं ना? क्योंकि मुझे पुरस्कार मिला है?"

संजय हक्का-बक्का होकर मेघना की ओर देखते रह जाते हैं। कुछ क्षण हॉल में शांति छाई रहती है। तभी अचानक रेखा आती है।

"यह लो दीदी, पानी।" (फिर संजय की ओर मुड़कर) "आप चाय लेंगे या कॉफ़ी?"

“जी चाय।”

रेखा रसोई में चली जाती है। मेघना इंटरव्यू देने के लिए मान जाती हैं।

“धन्यवाद, मैडम। तो मेरा पहला सवाल – आपकी रंगमंच की यात्रा कैसे शुरू हुई?”

मेघना ने अपने बारे में बताना शुरू किया, “मैं बचपन में कॉलोनी के कार्यक्रमों में अभिनय किया करती थी। मुझे फिल्में देखना बहुत पसंद था। कभी-कभी पारिवारिक और सामाजिक प्रोग्रामों में मिमिक्री भी किया करती थी। मैंने कई सारे राष्ट्रीय और अंतरराष्ट्रीय प्रतियोगिताओं में भी भाग लिया था।”

संजय का अगला सवाल था, “मेघना जी मैंने सुना है कि आप बहुत सारे कार्यशालाओं में भी भाग लेती रही हैं। आप जैसी अनुभवी कलाकार को कार्यशाला की क्या ज़रूरत?”

“संजय जी, एक कलाकार कभी भी यह नहीं कह सकता कि वह अपनी कला में पूरी तरह पारंगत हो चुका है। केवल अभिनय ही नहीं, बल्कि नृत्य, संगीत आदि में भी नियमित रियाज़ की जरूरत होती है। मैं यह मानती हूँ कि कलाकार को अभ्यास करते रहना चाहिए और अपनी प्रतिभा को बेहतर बनाना चाहिए।

इसके लिए कार्यशाला में भाग लेना आवश्यक है ताकि आप अपनी कला को निखार सकें और उसमें परिवर्तन ला सकें।

आपको, मैं दो ऐसी कार्यशालाओं के बारे में बताना चाहती हूँ जिनके कारण मेरे दृष्टिकोण में भी परिवर्तन आया।

“मैं 22 वर्ष की थी जब पहली कार्यशाला की। दर्शकों के सामने मेरा पहला प्रदर्शन हमेशा मुझे याद रहेगा। उस दिन मुझे पहली बार यह अहसास

हुआ कि मेरे अंदर भी कुछ विशेष प्रतिभा है और मैं भी किसी क्षेत्र में अव्वल हूँ। मैंने पढ़ाई में, खेल में, और अन्य कई क्षेत्रों में अपनी प्रतिभा तलाशने की कोशिश की परन्तु असफल रही। लेकिन अभिनय के क्षेत्र में मुझे अपने आपको साबित करने के लिए ज्यादा प्रयत्न नहीं करना पड़ा। मेरे शिक्षक मुझे नेचुरल एक्टर बुलाते थे।

"उसके बाद 1974 में 'आरम्भ' नाटक मंडली ने 60 दिन की कार्यशाला का आयोजन किया था। वे 60 दिन मेरे अभिनय के जीवन के मधुर पलों में से एक हैं।"

इसके बाद मेघना पुरानी यादों में खो गईं और सारा दृश्य उनकी नजरों के सामने लौट आयाः

...60 दिनों की कार्यशाला का पहला दिन। सभी छात्र-छात्राएँ कक्षा में प्रवेश करके अपने-अपने स्थान पर बैठ गईं। शिक्षक महेश कुमार प्रवेश

करते हैं। सभी खड़े होकर उनका अभिवादन करते हैं। उसके बाद महेश सर ने हमें नौ रसों के बारे में बताया। मनुष्य अपने जीवन में नौ प्रकार की भावनाएं व्यक्त करता है। ये नौ रस हमारे जीवन को पूर्णता देते हैं। भरतमुनि द्वारा लिखित नाट्य शास्त्र में 8 रसों का ही उल्लेख किया गया है। निम्नलिखित रसों में से 4 प्रधान रस माने जाते हैं। श्रृंगार रस को रसों का राजा कहा जाता है। विद्वानों ने यह भी माना है कि भरतमुनि ने एक और रस को स्वीकृति दी थी। ये रस हैं--

1. श्रृंगार रस- प्रेम का भाव

2. रौद्र रस - क्रोध का भाव

3. वीर रस- उत्साह का भाव

4. वीभत्स रस - घृणा का भाव

5. हास्य रस - हास्य का भाव

6. करुण रस- करुणा का भाव

7. अद्भुत रस- आश्चर्य का भाव

8. भयानक रस- भय का भाव

9. शांत रस- निर्वेद भाव

नाट्य शास्त्र में रस का वर्णन कुछ इस प्रकार किया गया है:

यथोहस्त : तथोदृष्टि: यथोदृष्टिः तथोमन:।

यथोमन: तथोभाव: यथोभावः तथोरसः॥

महेश सर बोले - "बच्चो, हमने नवरस के बारे में पढ़ा। अभी आप लोगों को एक कार्य करना है। हर छात्र/छात्रा को एक रस चुनना है और संवाद लिखकर उस रस का अभिनय करना है सबके सामने।"

करुण रस का प्रदर्शन करते हुए मेघना, महादेवी

वर्मा जी की एक कविता पढ़ती है-

कितनी करुणा कितने संदेश

पथ में बिछ जाते बन पराग,

गाता प्राणों का तार - तार

अनुराग भरा उन्माद राग,

आँसू देते वे पथ पर वार

जो तुम आ जाते एक बार।

हँस उठते पल में मेरे नयन

धुल जाता होंठों से विषाद,

छा जाता जीवन में वसंत

लुट जाता चिर संचित विराग,

आखें देतीं सर्वस्व वार

जो तुम आ जाते एक बार।

अभिनय समाप्त करके मेघना अपने स्थान पर बैठ गई। उसका मन थोड़ा सा भारी था। महेश सर बोले- "मेघना, चिंता मत करो। कभी-कभी कलाकार अपने अभिनय में इतना खो जाता है कि उस पात्र की भूमिका करते हुए भावुक हो जाता है। यही एक अच्छे अभिनेता की पहचान है। आज के लिए इतना ही।"

इसके बाद महेश सर सभी को धन्यवाद कहकर कक्षा से बाहर चले जाते हैं।

मीनाक्षी चतुर्वेदी मराठी नाटक जगत की मशहूर अभिनेत्री हैं। आज कार्यशाला में वे इम्प्रोवाइज़ करना सिखाएंगी। सभी लोगों को एक परिस्थिति की कल्पना करने के लिए कहा गया। रवि बोला- "मैडम। मैं एक दृश्य की कल्पना करता हूँ, जिसमें लोग रेलवे स्टेशन पर ट्रेन का इंतजार कर रहे हैं।"

“बहुत अच्छे, रवि। आप सबको एक-एक करके यहां सामने आना है और एक पोज़ बनाना है। आपके पोज़ से यह समझ आना चाहिए कि आप रेलवे स्टेशन पर ट्रेन का इंतजार रहे हैं। आपको सोचने के लिए 5 मिनट का समय दिया जाता है।”

चालीस मिनट बाद क्लास खत्म हो गई।

रवि मेघना के अभिनय की तारीफ करते हुए कहता है, “मेघना, तुम तो बहुत जल्दी सीख गई। मैं तुम्हारी प्रगति से बहुत खुश हूँ।”

“धन्यवाद रवि।”

“क्या तुम अभी हॉस्टल जाओगी?”

“हाँ, क्यों?”

“मैं सोच रहा था, क्यों न हम कल सुबह मुंबई दर्शन कर लें। कल तो अवकाश भी है। इस विषय पर बात करने के लिए मीना, सरोज, रोहित,

राहुल, मनोज और मैं अभी कैंटीन में मिलेंगे। तुम भी आओ हमारे साथ।"

"ठीक है, रवि। चलो, कैंटीन चलते हैं।"

अगले दिन सुबह सब लोग कॉलेज के गेट पर मिलते हैं और मुंबई दर्शन के लिए निकलते हैं। मनोज मेघना के शांत स्वभाव से बहुत आकर्षित था। टूरिस्ट बस जुहू बीच पर रुकती है। सब लोग बस से उतरते हैं और अपने-अपने गॉगल्स व कैप पहन लेते हैं। सभी बीच पर सैर कर रहे हैं। मीना और रवि एक-दूसरे को पसंद करते थे। दोनों शांत जगह पर जाकर रेत का घर बनाने लगते हैं। सरोज किनारे से सीपियाँ उठाती है और सारा बैग भर लेती है। मनोज और मेघना टहल रहे हैं। राहुल और रोहित बच्चों के साथ क्रिकेट खेलते हैं। आधे घंटे के बाद घूमते हुए मनोज और मेघना बेंच पर बैठ जाते हैं।

"मेघना! मुझे तुम्हारी आवाज़ बहुत पसंद है। तुम गाना अच्छा गाती हो। कुछ सुनाओ न।"

मेघना ने राहुल के कई बार अनुरोध के बाद तो-तीन गाने सुनाए। मनोज मोहित होकर मेघना की तरफ देखता है।

"क्या हुआ, मनोज?"

"कुछ नहीं, बस तुम्हारे गाने सुनकर कहीं खो गया था।"

रवि ने आवाज़ दी, "वहाँ क्या कर रहे हो तुम लोग? आओ हम लोग बोटिंग के लिए जा रहे हैं।" सभी अपना सुरक्षा जैकेट पहनकर नाव में बैठते हैं। बोटिंग के बाद सब लंच करने के लिए रेस्टोरेंट जाते हैं। लंच समाप्त करके सब अपने-अपने घर के लिए रवाना हो जाते हैं।

अगले दिन सब लोग क्लास में मिलते हैं। क्लास

में आज का टॉपिक था- वायस माड्युलेशन। वर्षा गोडबोले शास्त्रीय संगीत के क्षेत्र की एक प्रमुख कलाकार हैं। वर्षा ने ओंकार (ॐ) के साथ क्लास आरंभ की।

"बच्चो, ओंकार का सही तरीका है – पहले गहरी साँस भीतर लो। साँस को रोकते हुए मन में 1 से 5 तक गिनो - 5 ,4 ,3 ,2 ,1। फिर साँस छोड़ते हुए ॐ का उच्चारण करो। पर ध्यान रहे, अगर आपमें से किसी को भी साँस लेने में कष्ट हो तो यह व्यायाम न करें।"

इसके बाद वर्षा सबको एक गोल आकार में बैठने का निर्देश देती हैं और हारमोनियम को ठीक से रखते हुए कहती हैं, "आज हम लोग सरगम का अभ्यास करेंगे। क्या सभी लोगों को सरगम के बारे में पता है?"

सरोज – "हाँ मैडम। सा रे गा मा पा धा नी सा।"

"बहुत अच्छा! क्या नाम है तुम्हारा?"

"मेरा नाम सरोज है।"

वर्षा कहती हैं, "अच्छा हम अब एक खेल खेलेंगे। आप सभी को अपना नाम और शहर बोलना है गीत गाते हुए। शुरू करें।"

"जी, मैडम।" सभी एक साथ बोले।

"अब मैं आपको वायस माड्युलेशन के बारे में बताऊँगी, जिस तरह हम शब्दों को एक लय की धारा में बाँधकर संगीत के साथ उसको खूबसूरती से दर्शकों के सामने प्रस्तुत करते हैं, उसी तरह एक अभिनेता या अभिनेत्री को अपना डायलॉग इस तरह से पेश करना चाहिए कि बंद आँखों से भी उस वाक्य का सही अर्थ दर्शक के मन में घर कर जाए। आपको नवरस का ध्यान रखते हुए डायलॉग के माध्यम से सही रस को प्रस्तुत करना चाहिए। अब मैं आपको सबटेक्स्ट के बारे में बताऊँगी। मैं

एक वाक्य बोलती हूँ– 'मैंने अपने दाहिने हाथ के दस्ताने को अपने बाएँ हाथ पर रखा।' अब आप एक-एक करके बीच में आएँ और इस वाक्य के एक शब्द को मुख्य बिंदु समझकर पूरे वाक्य का भाव प्रकट करें।"

रोहन - "मैंने"

मनोज- "अपने"

सरोज- "दाहिने"

इस तरह वायस माड्युलेशन की कक्षा समाप्त हुई। सरोज ने उल्लास से कहा, "आज की क्लास बहुत अच्छी थी।"

मीना- "सच में।"

वर्षा बताती हैं, "एक अच्छा अभिनेता हमेशा स्क्रिप्ट में सबटेक्स्ट यानी कहानी का मुख्य बिंदु पहचान सकता है।"

मेघना अतीत से वर्तमान में लौट आती हैं और कहती हैं, "कार्यशाला के बीस दिन बीत चुके थे। आखिरी क्लास शारीरिक मुद्राओं की भाषा पर आधारित थी। मुद्रा की भाषा नाटक में डायलॉग से ज्यादा महत्व रखती है। शुरू में केवल मूक फिल्में ही बनती थीं। दर्शक पूरी कहानी कलाकारों के हाव-भाव से ही समझ जाते थे। बड़े -बड़े कलाकार अपनी शारीरिक मुद्राओं के लिए प्रसिद्ध हैं, जैसे किसी की बाल झटकने की अदा, किसी का रुक-रुककर बोलने का अंदाज़, तिरछी आँखों से दी जाने वाली मुस्कान, नाक सिकोड़ना, स्वर में अति भावुकता आदि।

"बेहतर अभिनय के लिए पात्र के चरित्र को समझना चाहिए, खुद को पात्र जैसा महसूस करना आवश्यक है। एक कलाकार अपना पात्र ही बल्कि अपने सह-कलाकार के संवादों का भी अवलोकन करता है। उसके चरित्र को भी समझने का प्रयत्न करता है। बॉडी लैंग्वेज किरदार से मैच

होना चाहिए। अभिनय आसान नहीं होता, लगातार प्रैक्टिस करने के बाद किरदार चमक जाता है...

"अगले 25 दिन तक हम सबने एक ही स्क्रिप्ट पर काम किया। कार्यशाला के अंत में हमने अपना नाटक प्रस्तुत किया। तीनों शो बहुत सफल रहे। परदे के पीछे पूरे प्रोडक्शन टीम की भी महत्वपूर्ण भूमिका होती है। उनके कार्य कुछ इस प्रकार के होते हैं-

सेट डिजाइन, लाइट्स, साउंड प्रोडक्शन, पोशाक, टिकट काउंटर, टीम कोआर्डिनेशन। यह सब कार्य स्टेज मैनेजर को संभालना पड़ता है...

"तो संजय जी। आपने देखा, थियेटर को लोग जितना आसान समझते हैं, उतना आसान नहीं होता है।"

संजय हँसते हुए बोलते हैं, "आपकी कहानी बहुत दिलचस्प है। जाने से पहले क्या मैं आपसे एक प्रश्न

पूछ सकता हूँ? संपादक होने के नाते नहीं, बल्कि आपका फैन होने के नाते।”

मेघना हामी में सिर हिलाती हैं।

“थियेटर छोड़ने के बाद आपने कभी युवाओं या बच्चों को यह कला क्यों नहीं सिखाई? क्या अब आपका मन थियेटर से जुड़ने का नहीं होता है?”

“देखिए संजय जी। थियेटर एक ऐसा माध्यम है जो एक व्यक्ति को पूर्ण रूप से प्रगतिशील बनाता है। अभिनय का तरीका तो कोई भी सीख सकता है। पर क्या कोई हमें इंसानियत का पाठ पढ़ा सकता है? थियेटर सिर्फ अभिनय नहीं है। यह एक कलाकार को मनुष्य की अनेक प्रवृत्तियों से आत्मसात कराता है।”

अचानक तेज़ बारिश शुरू हो जाती है। संजय अब अपना साक्षात्कार खत्म करके उन्हें धन्यवाद बोलते हुए कहते हैं, “अफ़सोस, मुझे अब चलना

होगा, नहीं तो बारिश में फँस जाऊँगा।"

"ठीक है।"

रेखा भी अपना काम समाप्त करके घर चली जाती है। खिड़की पर सिर टिकाकर मेघना बारिश का आनंद लेती हैं। बारिश की बूंदें टप् टप् बरस रही हैं, मानों हजारों सवाल पूछ रही हों। क्यों बन रहा है इंसान दानव, क्यों मानव अन्याय के खिलाफ आवाज़ उठाने से भाग रहा है? मेघना को लगता है ये बूंदें जैसे कोई संदेश दे रही हैं-- प्रेम का रस लोगों के जीवन में भरना है, ज़िंदगी का प्यारा गीत गाना है। लक्ष्य में अगर आए कोई अड़चन, तब भी निराश न हो मन, हर समस्या को सुलझाने का जरूर कोई रास्ता निकलता ही है, धरती को बनाना है सुंदर, यही हो अपना प्रण, मानव जाति को नमन, किस धातु से बना होता है स्त्री का मन? मन होता भी है क्या स्त्री के पास? कब कर पाती है वह अपने मन की बात? लोग स्त्री को नाजुक

कहते हैं, लेकिन इतना मजबूत तो कभी पुरुष भी नहीं हो सकता...मेघना बहुत देर तक ऐसे ही विचारों में खोई रहीं।

कभी-कभी एक अति सामान्य सी लगने वाली सुबह भी एक असामान्य सा दिन लेकर आती है। एक ऐसी ही सुबह थी वह भी, मंगलवार का दिन था वह। सुबह के 6 बजे थे। मेघना थोड़ी शांति का अनुभव करती हुई अंगड़ाई लेकर उठती हैं, मानों बहुत दिनों बाद चैन की नींद सोई हों। नहा-धोकर नई साड़ी पहनकर वे मंदिर में आरती करने के लिए निकलती हैं। पिछले 20 सालों से पड़ोसियों ने उनको मंदिर जाते हुए कभी नहीं देखा था। कभी-कभी तो यह अहसास भी नहीं होता कि खुशी कब हमारे दरवाजे पर दस्तक देकर दिमाग में एक अजीब सी शांति छोड़ जाती है। ऑल इंडिया रेडियो पर एक कार्यक्रम 'सूरज के साथ-साथ' चल रहा है। गाना सुनकर मेघना भी गुनगुना रही हैं और बगीचे में टहल रही हैं।

रेखा गेट खोलती है। “अरे वाह, दीदी आपको गाना गाते हुए, बहुत दिनों बाद देख रही हूँ। बहुत खुश लग रही हो आज। लगता है रात में बहुत अच्छी नींद आई।” मंद-मंद मुस्कराते हुए रेखा घर के भीतर चली गई और अपने काम में लग गई। वह कुछ मिनट बाद ही लौटकर आती है और पूछती है, “दीदी, आज नाश्ते में क्या बनाऊँ?”

“कुछ भी तुम्हारी पसंद का।...रेखा, तुम्हारा बेटा राजू कैसा है?”

“वह अच्छा है, दीदी।”

“उसकी परीक्षा कब शुरू होगी?”

“दो-तीन दिन में।”

“मुझे चाय दे दो प्लीज़।”

मेघना, बगीचे में आरामदायक कुर्सी पर बैठकर प्राकृतिक सौंदर्य को निहारते हुए चाय की

चुस्कियाँ लेती हैं। साफ़-सफाई करके रेखा नाश्ता मेज पर परोसती है। मेघना का मन-पसंद पोहा बना है आज, वे तारीफ करते हुए कहती हैं, "वाह। बहुत ही स्वादिष्ट बना है।"

नाश्ते के बाद वे दवाई खाकर अपने कमरे में चली जाती हैं। आज उनका मन बहुत उमंगित है, जैसे जीवन में खुशी की लहर दौड़ रही हो। बार-बार घड़ी की तरफ ध्यान जा रहा है जैसे वे किसी खास व्यक्ति के आने का इंतज़ार कर रही हों।

11 बजते ही दरवाजे की घंटी बजती है। इस बार मेघना अपनी धीमी चाल से चलकर दरवाजा खोलती हैं।

"नमस्ते संजय जी, आइए।"

"नमस्ते मेघना जी।"

सोफे की ओर इशारा करते हुए मेघना, संजय को

बैठने के लिए कहती हैं।

संजय- "आपका बहुमूल्य समय व्यर्थ न करते हुए मैं आपसे अगला प्रश्न पूछता हूँ।"

मेघना मुस्करा कर हामी में हौले से अपना सिर हिलाती हैं।

संजय- "आप अपनी पहली प्रस्तुति के बारे में कुछ बताइए।"

मेघना धीरे से हँसती हैं।

"आप क्यों हँस रही हैं, क्या मैंने गलत प्रश्न पूछ लिया?" संजय थोड़ा घबरा जाते हैं। मेघना बोलीं, "मैं असमंजस में हूँ कि बीते पलों के पन्नों को एक अनजान व्यक्ति के सामने पढ़ना कैसा रहेगा। क्या किसी अनजान व्यक्ति को अपनी ज़िंदगी के बारे में विस्तार से बताना आसान है?"

कुछ देर सोचने के बाद, मेघना बताती हैं, "मेरा

पहला रोल एक पेड़ का था। नाटक के वक्त मुझे डेढ़ घंटे तक स्थिर खड़ा रहना था। तब मैं पाँचवीं कक्षा में थी। यह बहुत कठिन काम था, मुझे कान में खुजली होने लगी थी। बिना कुछ सोचे, मैं अपने कान खुजाने लग गई। यह देखकर सारे दर्शक जोर-जोर से हँसने लगे। कार्यक्रम के बाद हमारे ड्रामा टीचर ने मुझे बहुत डाँट लगाई।"

मेघना और संजय दोनों हँसने लगे। तब तक रेखा, चाय ले आती है। चाय पीने के बाद संजय अनुमति लेकर वापस चले जाते हैं।

जीवन के जिन पलों को वे भुला चुकी थीं, धीरे-धीरे एक-एक करके उनकी आँखों के सामने आने लगे। शाम हो चली थी। दरवाजा बंद करके मेघना रेडियो ऑन करती हैं। विविध भारती पर गाना आ रहा था – 'वो शाम कुछ अजीब थी, यह शाम भी अजीब है।'

जीवन के जिन यादों को वे भुला बैठी थीं, अचानक एक-एक लम्हा उन्हें याद आने लगा। कोई यह नहीं जानता कि मेघना ने अभिनय क्यों छोड़ दिया। उनका मन जल बिन मछली की तरह तड़प रहा था। रात भर मेघना करवट बदलती रहीं, पर नींद नहीं आई। वे समझ ही नहीं पा रही थीं कि जिन यादों को मन में दफन कर दिया था, उनको फिर से क्यों कोई कुरेदना चाहेगा?

अगले दिन सुबह उठकर मेघना लॉन में कुर्सी लेकर बैठीं, तो बगीचे में लगे गेंदा, मोगरा, गुलाब आदि के पौधों और फूलों ने उनका ध्यान अपनी ओर आकर्षित कर लिया। खूशबू से मन तरोताजा हो गया। रेडियो पर तभी गाना सुनाई दिया – 'मैंने कहा फूलों से हँसो तो वो खिलखिला कर हँस दिए।' जैसे किसी ने उनके मूड को देखते हुए यह गाना चला दिया हो।

रेखा आज देर से आएगी। उसने पहले से ही बता

दिया था कि उसका बेटा बीमार है। मेघना खुद ही चाय बनाकर पीने के लिए लॉन में आकर बैठ गईं। इस कारण, उन्हें दूरभाष की घंटी सुनाई नहीं पड़ी। तभी रेखा गेट के अंदर आकर दरवाजा खोलते हुए कहती है- "अरे दीदी! फोन बज रहा है।"

मेघना फोन उठाकर रिसीवर कान से लगाती हैं तो 25 साल पहले की जानी-पहचानी आवाज़ सुनकर स्तब्ध रह जाती हैं।

"क्या हुआ? चुप क्यों हो? कुछ कहती क्यों नहीं? मैं तुम्हें याद हूँ न?" दूसरी तरफ से आवाज़ आई।

मेघना फोन काट देती हैं और अपने कमरे में भाग जाती हैं। अलमारी में से एक पुरानी एलबम को झाड़कर उसमें से पाँच-छह फोटो ध्यान से देखने लगती हैं। फिर वे बचपन की तस्वीरें देखने लगीं, शायद इससे मन और आत्मा के घावों पर स्नेह का लेप लग जाए। अचानक बचपन के चित्र

एलबम से निकल कर पूरे कमरे में फैल गए थे। कितनी चंचल, बातूनी और मस्त हुआ करती थीं वे। पापा घर में बहुत कम ही रहा करते थे और टूर पर ज्यादा। आज उन्हें यह सोचकर बहुत बुरा लग रहा था कि अपनी जिद के कारण उन्हें घर छोड़ना पड़ा था। इसीलिए उन्होंने मन में पक्का इरादा कर लिया था कि वे खुद को अभिनय के क्षेत्र में परिपक्व और समर्थ कलाकार सिद्ध करके रहेंगी। हालात बदलते देर नहीं लगती, समय ने ऐसा तख्ता पलटा कि उन्हें दिल्ली वापस आना पड़ा।

दरवाजा बंद करके मेघना फूट-फूटकर रोने लगीं।

मेघना और मनोज मुंबई में एक ही समूह में नाटक किया करते थे। कई नाटकों में वे सह-कलाकार भी रह चुके थे। एक साल साथ काम करते-करते दोनों के बीच प्रेम की भावना भी जगी थी। लेकिन परिस्थितियों पर किसका वश होता है। सही कहा

गया है कि "होनी को कोई टाल नहीं सकता।" मेघना के पिता का ट्रांसफर हो गया और घर में उसकी शादी के लिए रिश्ते आने लगे। उधर मनोज के पिता का देहांत हो गया और उसे जमशेदपुर लौटना पड़ा। 20 जुलाई 1976 उनकी मुलाकात का अंतिम दिन था। इसके बाद उनके बीच किसी प्रकार का संपर्क नहीं रहा। कई सालों बाद मनोज की शादी भी हो गई थी।

फोन फिर से बजता है। इस बार रेखा फोन उठाती है। मेघना बौखला जाती हैं। सोचती हैं, कहीं फिर से मनोज तो नहीं।

"नमस्ते। मैं संजय बोल रहा हूँ।"

"कौन? रिपोटर बाबू ?"

"हाँ, मेघना जी से कह देना कि आज मैं उनका इंटरव्यू लेने नहीं आ सकता।"

“ठीक है, बता दूँगी।”

मेघना जोर से लंबी साँस छोड़ते हुए बिना कुछ बोले, एलबम को अलमारी में वापस रख देती हैं और बिस्तर पर लेट जाती हैं। सोचती हैं, यह क्या हो रहा है मेरे साथ? भगवान का दिया हुआ कोई इशारा है क्या? मनोज ने इतने सालों बाद, मुझे क्यों फोन किया?

“दीदी, आज सवेरे ही लेट गई, तबीयत ठीक है न?”

“हाँ, बस थोड़ी सी थकान महसूस हो रही है।”

“वो रिपोटर बाबू है न, जो आपसे बात करने आते हैं।”

“कौन, संजय जी?”

“हाँ, वही फोन किए थे कि आज नहीं आएँगे।”

“ठीक है। तुम जाकर अपना काम कर लो और शाम को जाते हुए दरवाजा बंद करके जाना।”

करीब आधा घंटा नींद लेने के बाद मेघना उठकर स्नान करती हैं और बालों को सुखाती हैं। मेघना उस समय आभूषणविहीन, सादी सूती साड़ी और खुले बालों में बहुत सुंदर लग रही थीं। अचानक उनकी आँखें फिर गीली होने लगीं, जिन्हें उन्होंने पोंछने की कोशिश भी नहीं की। उन्हें मनोज का चेहरा दिखाई देने लगा। साथ-साथ चेहरे पर लगे मुखौटे भी आँखों के सामने घूमने लगे। वे बेचैन होने लगीं। उन्होंने घड़ी की ओर देखा, शाम होने वाली थी। सामने लगे शीशे में उन्होंने खुद को निहारा, सूनी आँखें व उदास चेहरा साफ नज़र आ रहा था।

तभी फोन की घंटी फिर बजती है। रेखा फोन उठाने के लिए आती है तो मेघना हाथ के इशारे से उसे फोन उठाने से मना करती हैं। पाँच बार बजने

के बाद घंटी बंद हो जाती है।

बात 26 जून, 1976 की है। उस दिन 'कादंबरी' नाटक का प्रदर्शन सुपर हिट रहा। संचालक अमित मिश्र ने सभी कलाकारों को अपने घर पर आने का निमंत्रण दिया था। इस मौके को यादगार बनाने के लिए एक जश्न का आयोजन भी रखा गया था। मनोज और मेघना उस नाटक के प्रमुख अभिनेता और अभिनेत्री थे। उनके बिना तो यह जश्न अधूरा रहता। जश्न में मदिरा का भी इंतजाम था।

वैसे तो मनोज अपने ऊपर नियंत्रण रखता था। मगर वह दिन तो सभी को याद रहेगा क्योंकि दो-तीन बोतल पीने के बाद मनोज ने स्वयं पर नियंत्रण खो दिया था। पूरी टीम की सहमति इस बात में थी कि मनोज ही मेघना को घर छोड़ने जाएगा। अमित जी भी उन दोनों के रिश्ते की बात जानते थे, उन्होंने भी मना नहीं किया।

घर लौटते समय रास्ते में मनोज ने अपना स्कूटर रोका और नीचे उतरकर मेघना का हाथ अपने हाथों में ले लिया। मेघना को बहुत अजीब लगा। सड़क के उस पार एक तिमंजिला मकान था जिसमें निर्माण कार्य अधूरा बंद पड़ा था। मेघना का हाथ पकड़े हुए मनोज जल्दी से भागकर उस मकान की छत पर पहुँच गया। मनोज अपने होश में नहीं था, जबकि मेघना पूरे होश में थी। वह तो शराब को हाथ भी नहीं लगाती थी।

खुद को ऐसी स्थिति में पाकर वह बेचैन हो उठी। उसे बिल्कुल अच्छा नहीं लग रहा था, पर मदद के लिए सुनसान जगह पर किसको बुलाए। रात के एक बज रहे थे।

मनोज कहने लगा, “हम एक-दूसरे को पाँच साल से जानते हैं और घनिष्ठ मित्र भी हैं पर तुमने कभी मुझे प्यार करने का मौका ही नहीं दिया, ऐसा क्यों मेघना? संभोग का मजा कुछ अलग ही होता है।

क्यों न हम आज इस खुशी को जी लें? कोई नहीं है इधर, यहाँ कोई नहीं आ सकता। तुम्हें चिंता करने की कोई जरूरत नहीं है।"

मनोज नशे में धुत्त होकर खुद को संभालने की अवस्था में नहीं था। मेघना को ही उसे संभालना पड़ रहा था। अचानक मनोज मेघना को दीवार की ओर ले जाता है और उसके दोनों हाथ सिर के ऊपर उठाकर चुंबनों की बारिश करने लगता है जैसे उसके अंदर से जानवर निकल कर बाहर आ गया हो। माथे पर, आँखों की पलकों पर, नाक पर, गाल पर, गर्दन पर और कंधों पर अचानक हो रही चुंबनों की बारिश मेघना सहन नहीं कर पा रही थी। उसकी ब्रा की पट्टी हटाकर वह मेघना की गर्दन से नीचे चुंबन लेना शुरू करे, उससे पहले ही मेघना ने उसे जोर से धक्का दिया।

मनोज का सिर छत पर रखी टंकी से टकरा जाता है और वह वहीं बेहोश हो जाता है। मौका देखकर

मेघना, वहाँ से भाग निकलती है। सीढ़ियों से जल्दी-जल्दी नीचे उतर कर गहरी साँसें लेते हुए वह कुछ देर भागती है और फिर हाँफते हुए रास्ते में गिर जाती है। कुछ क्षणों बाद होश आता है तो सामने एक ऑटोरिक्शा दिखाई देता है।

मेघना जल्दी से ऑटो में बैठ गई। बिखरे हुए बाल, फटा कुर्ता, आँखों में बिखरा हुआ काजल और चेहरे पर लिपस्टिक का रंग देखकर ऑटो वाला चलने के लिए तैयार हो जाता है। मेघना के दिमाग में पूरे रास्ते मनोज के साथ बिताया हुआ समय और समुद्र के किनारे टहलते हुए उसकी बातें हवा के झोंकों की तरह हिलोरें लेने लगीं।

मनोज ने एक बार पहले भी धीरे से उसे समझाने की कोशिश की थी- “ओह। इतनी पढ़ी-लिखी होकर भी कैसी कंजर्वेटिव बातें सोचती रहती हो। हम दिन-रात काम में व्यस्त रहते हैं। रिलैक्स होने के लिए थोड़ा-बहुत फ़न भी जरूरी है।”

सुंदर छवियाँ स्मृतियों से कभी विस्मृत नहीं होतीं, एक दिन मनोज ने उसकी सुंदरता की तारीफ करते हुए कहा था, "तुम्हारी खूबसूरती के आगे समुद्र तट का अतुलनीय सौंदर्य भी फीका है मेघना।"

ऑटो उसके हॉस्टल के गेट पर आकर रुकता है। वह किसी तरह लड़खड़ाते कदमों से अपने कमरे में प्रवेश करती है। चेहरा बिस्तर में छुपाकर वह जोर-जोर से रोने लगती है। 20-15 मिनट बाद आँसू पोंछकर खुद को आईने में देखती है। आईने के उस पार खड़ी लड़की को देख वह उसके प्रति घृणा का भाव महसूस करती है।

उसे पापा की कही हुई बात अचानक याद आ जाती है—नारी एक नदी की तरह होती है, देने पर आए तो फल-फूल से भर दे और विध्वंस पर उतर आए तो तबाही...मेघना अपनी बेबसी पर नाराज़ थी, क्योंकि वह मनुष्य कोई और नहीं, उसका घनिष्ठ मित्र था। उसके आत्मविश्वास को गहरी चोट

लगी थी।

वह खुद से ही जैसे बात करने लगी—'उस रात का काला साया मेरे जेहन से कभी नहीं मिट पाएगा। तुम्हारे छुअन ने मेरा रेशा-रेशा झिंझोड़ दिया, मुझे वह पल बहुत तड़पाएगा। दोस्ती की हार हुई, और हैवानियत की जीत। यकीन को दे गई दगा ज़िंदगी की प्रीत। वह तीखी नज़र, बेहूदा बातें, मेरी समझ से परे हैं। दोस्त बन गया अनजान, जन्म लिया हैवान। उस रात तुम्हारी मर्दानगी जीत गई, मेरे वजूद को मिटा गई।'

कल तक उसकी आँखें जो सपने देख रही थीं, वे कुछ ही समय में रेत के महल की तरह ढह गए थे। यह कल्पना से भी परे था, किंतु सत्य पूरी प्रचंडता के साथ सामने खड़ा था। जो मूर्ति इतने वर्षों से उसके अंतर्मन में सुरक्षित थी, वह पूरी तरह से खंडित हो चुकी थी। जिसे उसने पवन का सुखदायी झोंका समझा था, वह भयानक तूफ़ान

निकला, जो उसे पूरी तरह से उजाड़ देना चाहता था।

इंटरव्यू का अगला दिन। संजय चाय की चुस्कियाँ लेते हुए मेघना से बोले, "मेघना जी, क्या मैं आपसे एक व्यक्तिगत प्रश्न पूछ सकता हूँ। यह सवाल मैं अपने कौतूहल के कारण पूछना चाहता हूँ, इंटरव्यू के लिए नहीं।"

"हाँ, पूछिए। क्या जानना चाहते हैं आप?" "आपने शादी क्यों नहीं की?"

मेघना खामोश होकर अपने अतीत में लौट जाती हैं। उनकी आँखों के सामने बीती बातों का सिलसिला चलचित्र की भाँति सामने आने लगता है:

सन् 2006 के एक इतवार की सुबह, नवम्बर का महीना। नाटक की तैयारी चल रही थी। रिहर्सल पिछले दो-तीन महीने से चल रहा था। अब केवल तीन सप्ताह ही बाकी थे लाइव शो के लिए। रंगमंच

के कलाकारों में मेघना निर्देशक के पसंदीदा कलाकारों में से एक थी। रिहर्सल दिन के 1 बजे से शाम 6 बजे तक होती थी। पिछले तीन महीनों से दिल्ली के कुछ अनुभवी कलाकार इस नाटक के लिए रिहर्सल कर रहे थे और खूब मेहनत कर रहे थे। एक दिन रवि को मलेरिया हो गया और उसे अस्पताल में भर्ती होना पड़ा। डॉक्टरों ने बताया, कि रवि को तीन सप्ताह तक अस्पताल या घर पर रहकर आराम करना पड़ेगा।

यह बहुत बड़ी समस्या की बात थी। शो के लिए अब दो सप्ताह ही बचे थे। नाटक में रवि की भूमिका बहुत महत्वपूर्ण थी। निर्देशक के लिए यह चिंता का विषय था।

तभी ग्रुप का एक अन्य कलाकार रमेश, उनकी चिंता देखकर बोलता है-- "गुरुजी, अगर बुरा न मानें, तो एक बात कहूँ? मेरे पास एक उपाय है।"

“हाँ, बोलो रमेश।”

“रवि के पात्र की भूमिका हम प्रतीक से करवा सकते हैं। वह हमारे ग्रुप के साथ पिछले तीन महीनों से जुड़ा हुआ है। उसने हमारे पिछले नाटकों में सहायता भी की है। उसकी इच्छा भी है अभिनय करने की।”

“हाँ! यह अच्छा सुझाव है। धन्यवाद, मैं कल ही प्रतीक से बात करूँगा।”

हल्की सी मुस्कराहट रमेश के होंठों पर आ जाती है। रमेश गुरुजी को शुभरात्रि कहकर घर चला जाता है।

अगले दिन सुबह 9 बजे सभी कलाकार गुरुजी के घर पर एकत्रित होते हैं रिहर्सल के लिए। गुरुजी का घर साउथ एन्क्लेव के ए ब्लॉक में है। रिहर्सल उनके गैराज में होती है। इस नाटक में कुल 7 पात्र हैं- 3 महिलाएँ और 4 पुरुष। मेघना अपने सह-

कलाकारों के साथ चाय पी रही थी।

कुछ क्षण बाद, एक पुरुष कलाकार गंभीर आवाज़ में सबको अपना परिचय देते हुए कहता है, “हैलो, मेरा नाम प्रतीक है, गुरुजी आ गए क्या?”

मेघना पीछे मुड़कर देखती है। प्रतीक की गंभीर आवाज़ से वह आकर्षित हो जाती है, फिर हल्की सी मुस्कराहट के साथ चाय पीने में तल्लीन हो जाती है। स्वाति उत्तर देती है - “आपसे मिलकर अच्छा लगा हम सबको। गुरुजी अभी नहीं आए हैं। कुछ समय में आते ही होंगे। आइए आप भी हमारे साथ चाय पीजिए।”

“ठीक है। इस तरह आप लोगों से परिचय भी हो जाएगा।”

मीरा उत्सुकता से बोलती है- “हाँ- हाँ? मैं आपको सबसे मिलवाती हूँ। यह है रमेश, चाँद, कैलाश, आप हैं मेघना, यह स्वाति और मैं मीरा।”

“ओह! आप कहीं मेघना सहाय तो नहीं?”

प्रतीक थोड़ा अचंभित होकर मेघना की तरफ देखता है।

मेघना कहती है, “हाँ जी! मैं मेघना सहाय हूँ। क्या हम एक-दूसरे को जानते हैं?”

“नहीं! हम पहले कभी नहीं मिले। मैंने तो कई ग्रुप्स के साथ बैकस्टेज में काम किया है। आपके बारे में हमारे ग्रुप में चर्चा हुआ करती थी।”

“धन्यवाद। चलिए, गुरुजी आते ही होंगे।”

रिहर्सल प्रारंभ होती है। व्यायाम की कुछ प्रक्रियाओं के बाद कलाकार अपने-अपने स्क्रिप्ट लेकर गोल आकार में बैठ जाते हैं। गुरुजी, प्रतीक को पास बुलाकर संक्षेप में नाटक के बारे में समझाते हैं और उसकी भूमिका के बारे बताते हैं। फिर एक चेतावनी भी देते हैं, “प्रतीक ध्यान रहे, कि यह

भूमिका बहुत कठिन है। तुझे पहली ही बार एक कठिन भूमिका मिली है। मन लगाकर रिहर्सल करो और सारे डायलॉग याद कर लो।"

"आप चिंता मत कीजिए गुरुजी। मैं आपको निराश नहीं करूँगा। मुझे आपने यह मौका दिया, मेरे लिए बहुत बड़ी चुनौती है।"

अगले दिन सुबह रिहर्सल से पहले मेघना और कुछ कलाकार चाय पीते हुए आपस में बातें कर रहे थे। मेघना को पहले ही दिन प्रतीक की गंभीर आवाज़ ने मंत्रमुग्ध कर दिया था।

"हैलो। गुरुजी आ गए क्या?" मेघना फिर से उसकी ओर एकटक देखती रहती है। उसके गले से स्वर नहीं निकलता है। प्रतीक 6 फुट लंबा और सुडौल आकृति का सुंदर पुरुष था। वह अपने होंठों पर मनमोहक हँसी लिए सबको देख रहा था।

"आपने बताया नहीं, गुरुजी आ गए क्या?" उसने

फिर से पूछा। मेघना की सहेली स्वाति ने उत्तर दिया, "गुरुजी! अभी तक नहीं आए। हम सभी उन्हीं का इंतजार कर रहे हैं। आइए न प्रतीक जी, हमारे साथ बैठिए।"

"ठीक है।"

कुछ क्षण बाद गुरु जी आए तो सब रिहर्सल में व्यस्त हो जाते हैं। मेघना भी अपनी तैयारी कर रही थी, परन्तु उसका ध्यान बार-बार प्रतीक की ओर खिंचा जा रहा था। प्रतीक भी उसकी सुंदरता से आकर्षित हो गया था। सुंदर कद-काठी, गोरा रंग, गोल चेहरे पर सहज हँसी, सजीली भूरी आँखें तथा लहराते काले लंबे बालों ने उस पर जैसे जादू कर दिया था। उसे यूँ लग रहा था जैसे कोई अप्सरा धरती पर उतर आई हो। दोनों कुछ क्षणों में ही एक-दूसरे से प्रभावित हो गए थे।

मंच के एक ओर खड़ी स्वाति प्रतीक को निहार रही

थी। स्वाति मंझोले कद और गेंहुए रंग की लड़की थी। उसके घने काले बाल सावन की घटाओं की याद दिलाते थे। उसकी आँखों में स्वाभाविक लज्जा थी और चेहरा शांत नज़र आता था। अपने विचारों में खोई वह प्रतीक को देख रही थी कि अचानक उसे गुरुजी की आवाज़ ने चौंका दिया।

“कहाँ खो गई स्वाति? अपनी लाइन तो बोलो, कहाँ गुम हो?”

“माफ कीजिए!” हड़बड़ा कर स्वाति ने उत्तर दिया।

उसकी दशा देखकर सब हँस पड़े। केवल प्रतीक मौन था। स्वाति ने आभार भरी नज़रों से उसकी तरफ देखा।

दिन बीतते गए। रिहर्सल के पहले दिन से ही तीनों काफी हिलमिल गए थे। रिहर्सल के बाद वे कभी-कभी घूमने भी जाया करते थे।

एक दिन गुरुजी को कोई आवश्यक कार्य था जिसकी वजह से रिहर्सल स्थगित कर दी गई थी। मेघना इतनी जल्दी घर जाने के मूड में नहीं थी, उसने प्रतीक से कहा, "चलो कहीं घूमने चलते हैं। एक नई कॉमेडी फिल्म रिलीज़ हुई है, वही देखने चलेंगे। स्वाति तुम भी चलो।"

"नहीं यार, तुम दोनों जाओ, तुम तो जानती हो, मुझे कॉमेडी फिल्में पसंद नहीं, केवल गंभीर फिल्में ही अच्छी लगती हैं।" स्वाति ने जाने से मना कर दिया।

मेघना ने कहा, "ठीक है।" फिर प्रतीक से बोली, "चलो चलें प्रतीक, नहीं तो देर हो जाएगी।" वह प्रतीक का हाथ पकड़ कर वहाँ से चली गई।

रास्ते में ट्रैफिक था, फिर भी समय पर दोनों पहुँच गए थे। मेघना फिल्म देखते हुए खिलखिला कर हँस रही थी। प्रतीक उसके इसी रूप पर फ़िदा हो

गया था। इस तरह दोनों की दोस्ती बढ़ती जा रही थी। मन ही मन, मेघना उसको दिल दे चुकी थी और प्यार करने लगी थी। मेघना के रूप-रंग पर सब फ़िदा थे, लेकिन मेघना, प्रतीक पर।

कुछ महीनों बाद, एक दिन प्रतीक रिहर्सल के लिए आ रहा था कि उसे के. एल. सहगल साहब के गाने की दिलकश आवाज़ सुनाई दी। उसने नज़र घुमाकर देखा तो स्वाति लॉन में बैठी थी और रेडियो पर गाना सुन रही थी। दबे पाँव आकर प्रतीक उसके पास आकर खड़ा हो गया और उसे देखने लगा। स्वाति बेखबर थी। जब गाना खत्म हुआ तो प्रतीक ने पूछा- "मैं भी रेडियो पर गाने सुन सकता हूँ क्या?"

स्वाति बोली- "हाँ-हाँ क्यों नहीं।" फिर दोनों कुछ देर चुपचाप गाना सुनने लगे।

प्रतीक बोला, "मैं तो आपके बारे में कुछ जानता तक नहीं, सिर्फ नाम के सिवाय। आपके शौक

क्या-क्या हैं?"

"मुझे साहित्य पसंद है। अधिकतर हिंदी छायावादी रचनाएँ जैसे जयशंकर प्रसाद, महादेवी वर्मा जी की कविताएँ, पुराने गीत तथा ऐसी फिल्में जो अर्थपूर्ण हों।"

"लगता है, हम दोनों में बहुत समानताएँ हैं। मुझे भी कविताएँ पसंद हैं। मैथलीशरण गुप्त, पंत, निराला और प्रसाद जी की कामायनी। पुराने फिल्मी गीतों में सहगल के अलावा मुकेश, मोहम्मद रफ़ी, गीता दत्त और नूरजहाँ के गाने बहुत पसंद हैं।"

"वाह। खूब कहा आपने, क्या आप लिखते भी हैं?"

"नहीं। उसमें दिलचस्पी नहीं है। मुझे तो लिखना बहुत कठिन कार्य लगता है," प्रतीक ने हँसते हुए कहा। दोनों बातों में इतना मग्न थे कि उन्हें गुरुजी के निकट आकर खड़े होने का अहसास ही नहीं हुआ।

अचानक स्वाति की नज़र गुरुजी पर पड़ी तो उसने जल्दी से कहा, "क्षमा कीजिए, गुरुजी। हम अभी रिहर्सल पर आ रहे हैं।"

"सॉरी गुरुजी, भूल हो गई," कहते हुए प्रतीक भी स्वाति के पीछे हो लिया। रिहर्सल के स्थान की तरफ जाते हुए गुरुजी के मस्तिष्क में नाटक को लेकर अनेक विचार आ-जा रहे थे।

प्रतीक और मेघना की दोस्ती परवान चढ़ रही थी। मेघना बहुत खुश थी। समुद्र के तट पर खड़ी मेघना, आखों में हजारों सपने लिए विशाल समुद्र में नदियों का मिलन देख रही थी, तभी रेतीले तट पर खड़ी मेघना के पैर सागर की तरफ बढ़ने लगे। असीम आनंद की अनुभूति में गजब का आकर्षण होता है। मन हुआ कि वह समुद्र का किनारा छोड़कर पानी में उतरती चली जाए, लहरों में समाती जाए, ठीक समुद्र के बीचोंबीच जहाँ नीला सागर शांत और स्थिर है, शायद उसके मन की तरह।

कई सारे प्रश्न मेघना के मन में उमड़ रहे थे। वह जानती थी कि इनके उत्तर भी उसे खुद ही देने हैं। वह पूछना चाहती थी खुद से कि क्या हो रहा है और क्यों हो रहा है? उसे पता था, प्रतीक के सामने होने से यह संभव नहीं, वह सब भूल जाती है, बस लगता है प्रतीक आँखों के सामने हर पल मौजूद रहे, उसके बाद उसे दुनिया में किसी भी चीज की जरूरत नहीं।

मेघना को प्रतीक की कही हुई यह बात कानों में गूँजती हुई सुनाई देती थी। एक दिन उसने कहा था- "मैं तो बस आपके व सब लोगों के साथ काम करना चाहता हूँ। बाकी पारिश्रमिक या पैसे में मेरा कोई इंटरेस्ट नहीं है।

मेरी रचनात्मक प्रवृत्ति का होना ही कुदरत की तरफ़ से दिया गया बड़ा तोहफा है, जो हर किसी को नहीं मिलता है। यह मौका मेरे लिए अनमोल है जो मेघना सहाय जैसी कलाकार के साथ काम

करूँगा।" प्रतीक की बातों, उसके अंदाज़ और उसकी आवाज़ से मेघना अभिभूत सी हो चुकी थी।

नाटक के सफल प्रदर्शन के बाद गुरुजी कलाकारों और ग्रुप के सभी व्यक्तियों को दावत पर निमंत्रित करते हैं। इसके लिए रविवार का दिन चुना गया। सब बहुत खुश थे नाटक की सफलता पर। दावत की रात गुरुजी ने प्रतीक से पूछा, "तुम्हें तो संगीत में रुचि है। गाना भी गाते होगे।"

प्रतीक के उत्तर देने से पहले ही मेघना बोली-"हाँ गुरुजी, बहुत अच्छा गाते हैं, हमने सुना है।"

"वाह! तब तो आज गाना सुनाना ही होगा। यहाँ तो सब अपने ही हैं," गुरुजी ने प्रतीक का हौंसला बढ़ाते हुए कहा।

"जी गुरुजी।" प्रतीक ने उत्तर दिया और थोड़ी देर चुप रहकर बोला- "मगर गुरुजी, मैं तो पुराने गीत गाता हूँ।"

“कोई बात नहीं, हमें पुराने गाने पसंद हैं। तुम गाओ।”

प्रतीक ने सोचा कि गीत के बहाने वह स्वाति से अपना प्रेम निवेदन भी कर देगा। गंभीर स्वर में उसने गाना शुरू किया—‘हमें और जीने की चाहत न होती, अगर तुम न होते, अगर तुम न होते...’

पूरी महफिल गाने का आनंद ले रही थी।

मेघना आँखें बंद किए हुए होंठों पर मुस्कान लिए गीत सुन रही थी और सोच रही थी कि आखिर प्रतीक ने स्वीकार कर ही लिया कि वह मुझे चाहता है। यह सोचकर वह खुश हो रही थी।

गीत खत्म होने पर जब उसने आँखें खोलीं तो उसे जैसे बहुत बड़ा झटका सा लगा। प्रतीक अपनी आँखों में प्रेम का भाव लिए स्वाति की ओर एकटक निहार रहा था। मेघना के सारे स्वप्न एकाएक धराशायी हो गए थे। उसका हृदय दर्द के समुन्दर

में डूब गया था। आँसुओं के धुँधलेपन में उसे कुछ भी नज़र नहीं आ रहा था। उसके कानों में लोगों की आवाज़ें गूँज रही थीं। सभी आवाजों को रौंदती हुई बस एक आत्मीय आवाज़ वह अभी सुन पा रही है - “मेघना, हमेशा याद रखना कि अपने को कभी कमज़ोर न पड़ने देना।” वह दबे पाँव बाहर निकल आई। ज़िंदगी की हलचल इंसान को अगर जिंदादिल बनाए रखती है, तो वहीं वह अकेले पड़ जाने वाले इंसान को जिंदा लाश भी बना देती है।

रात ढल रही है। एकांत कमरे में मेघना सोने की कोशिश में है। वह अपने मन को मजबूत करने की कोशिश कर रही थी। उसे प्रतीक और स्वाति का रिश्ता मंजूर था। उसको नींद ही नहीं आ रही थी, जिसकी उसे अब परवाह भी नहीं थी। वह उठकर कमरे में टहलने लगी। उसने एक गिलास पानी पिया। वह रोमांचित थी। उसने अपने करियर में एक स्टेटस बना लिया था।

अचानक फ़ोन की घंटी बजने पर मेघना वर्तमान में लौटती हैं। होंठों पर हल्की सी मुस्कराहट लिए वे संजय से कहती हैं, "बहुत लोगों ने मुझसे यह प्रश्न पूछा है, लेकिन इस बारे में आज मैं आपको बता रही हूँ। प्रतीक, मेरी ज़िंदगी का एक सुनहरा पल है जो हमेशा मेरे साथ रहेगा। मैं अपनी पूरी ज़िंदगी प्रतीक की यादों के सहारे जी लूँगी।"

"धन्यवाद, मेघना जी! आपका कीमती समय लिया। आशा करता हूँ आपकी जीवनी से लोगों को प्रेरणा मिलेगी।"

"आशा करती हूँ मैंने अपने जवाब से

आपको निराश नहीं किया।"

"बिल्कुल नहीं।"

संजय अपना हेलमेट उठाकर बाहर चले जाते हैं। रेखा सारे काम खत्म करके अपनी बस्ती में लौट

जाती है।

आगे बढ़ने के लिए सभी लोग अपने – अपने तरीके से मेहनत करते हैं, पर जरूरी नहीं है कि सभी को सफलता मिल ही जाए। अपने मकसद में वे ही लोग कामयाब होते हैं जिनका काम करने का तरीका कुछ हटकर होता है।

कविता

काश मैं पंछी बन उड़ जाऊं ,
खुले आसमान का लुत्फ़ उठाऊं ।
क्यों लगाती खुद पर बंदिश,
बुझाती रहती मन की आतिश ।
क्या है मेरा अस्तित्व,
जीने का क्या है महत्व?
कैसी है यह जीवन की दुविधा,
जो पहचान न पायी मै अपनी आकांक्षा?

बारिश की बूँदें बरसती हैं,
मानो हज़ार सवाल पूछती है ।
क्यों बन रहा है इंसान दानव,
खो रहा सीधा सुलझा मानव।
अन्याय के खिलाफ हाथ मिलाना,
झिझकती विडंबना को अब है मिटाना ।
प्रेम का रस जीवन में फैलाना,
ज़िन्दगी का प्यारा गीत है गाना ।
लक्ष्य में अगर आये कोई अड़चन,
भय या क्रोध में न हो कभी मन ।

दृढ़ता से मिलेगा अवश्य कोई रास्ता,
सुलझाने जीवन की हर समस्या।
दुःख तब भी थे, हैं, और आएंगे।
जीवन का लय न तोड़ पाएंगे।
धरती को बनाना सुन्दर - यह है प्रण।
मानव जाति को साक्षात नमन।

उस रात का काला साया,
मेरे ज़हन से न मिट पायेगा |
तुम्हारी छुअन ने मेरा रेशा रेशा झिन्झोलकर रख
दिया
दोस्ती की हार हुई, हैवानियत की जीत |
यकीन को दे गयी दगा ज़िन्दगी की प्रीत |
तुम्हारी तीखी नज़र, बेहूदा बातें, समझ से परे मेरे |
दोस्त बन गया अनजान जन्म लिया हैवान |
उस रात तुम्हारी मर्दानगी जीत गयी
मेरे वजूद को मिटा गयी |

जो तेरी आंखों को पढ़ना सीख लिया
मुस्कराहट में छिपे ग़म से हुए रूबरू|
मोहब्बत करना हर शक्श की खुशनसीबी नही |
जिसे मिल जाए, उसे खैरात लगे |
कहते हैं इश्क़ बढ़ा ज़ालिम है,
फिर भी इंसान इसको तरसता है |
मोहब्बत मांगी थी, सच्ची और बेपनाह,
पर आरज़ू रह गयी अनसुनी |
ज़िन्दगी से न है अब कोई गिला,

कोरे कागज़ में मैंने रंग भर दिया |
अब मैंने जीना सीख लिया, खुद से कर ली मोहब्बत
बेइंतेहा |
हैरान क्यों हो देखकर मेरी फितरत ?
रंग बदलना तो ज़िन्दगी का दस्तूर है |
होने जब बन चले बेगाना,
तो दुनिया को भला दोष क्यों दे |
मैं तुमसे क्या कहूँ, अब मेरे पास कहने को कुछ
नहीं|
आओ, मेरे साथ चलो,
कोरे कागज़ पर जीवन का शेष पड़ाव लिख डालो |

परछाई मेरी साथिन है।

गम मे, खुशी में ।

हर वक्त साथ चलती है ।

मेरा हाथ पकड़कर, आश्वासन देती है

कमसकम एक तो पक्की सहेली है ।

अधूरेपन का सबब पनही पूछती।

हार में भी जीतने की चाह जगाती ।

पर, किसी के आने से।

दुबककर छुप जाती।
क्या यह मेरी कटुता नही।
जो मुझसे दुर्व्यवहार कराये?
कितनी नाशुक्र हो गई हूँ ।
परछाई से मुंह मोड़, बस आगे बड़ते गई ?

हर रोज़ सवेरा होता है
मुर्दाघर की कतारें लम्बी होती जाती है |
चीखता है मन
कैसी आपदा है यह?
क्या इंसान ने कभी सोचा था
हवा में सांस लेना खतरा बन जाएगा?
जूंझता है लाचार इंसान
कोई तो मदद के लिए आगे आये|
यह कैसा चक्रव्यूह है
जिसका भेद कोई न जाना?

एक अजीब माहौल है
घंटों बस ग़म का साया है
हर घर में खौफ बस गया है
अगले सवेरे की आस में सो जाता है
दिन लम्बे हो गए है
चार दीवारी अपनी सी लग रही है
सुकून बस इस बात की है
आज ज़िन्दगी से फिर राब्ता हुआ ||

फासले जो है तेरे मेरे दरमियान
मिट जाए, तो बन जाता सुनहरा जहां।
करते गर इशारा एक ही, आ जाते हम,
हो जाते पूरे, दोनों के हसीं, सुहाने, प्यारे अरमान।
इस चाह में मीलों चल दिए हम,
एहसास हुआ फिर, के आपको तो था बस गुमान।
पता नहीं क्यों मुझे तेरे सामने ज़िक्र ऐ फासला
कुछ बेवजह सा लगता है।